Paso a paso

La historia de una mariposa

Todo comienza con una oruga

Shannon Zemlicka

ediciones Lerner ◆ Mineápolis

ediciones Lerner
Una división de Lerner Publishing Group, Inc.
241 First Avenue North
Mineápolis, MN 55401, EE. UU.

Si desea averiguar acerca de niveles de lectura y para obtener más información, favor consultar este título en www.lernerbooks.com.

Créditos de las imágenes: Prasert Krainukul/Getty Images, p. 3; Andrea Calispa/Shutterstock.com, p. 5, 23 (ángulo superior derecho); Cathy Keifer/Shutterstock.com, p. 7; withthesehands/Shutterstock, p. 9, 23 (ángulo superior izquierdo); JasonOndreicka/Getty Images, p. 11; Sari ONeal/Shutterstock.com, p. 13; CathyKeifer/Getty Images, pp. 15; 23 (ángulo inferior izquierdo); hwongcc/Getty Images, p. 17; Nicole Gilbo/Getty Images, p. 19; RyanKing999/Getty Images, pp. 21, 23 (ángulo inferior derecho); Vicki Jauron/Babylon and Beyond Photography/Getty Images, p. 22. Portada CathyKeifer/Getty Images (oruga); Le Do/Shutterstock.com (mariposa).

Fuente del texto del cuerpo principal: Mikado Medium.
Fuente proporcionada por HVD Fonts.

Library of Congress Cataloging-in-Publication Data

Names: Knudsen, Shannon, 1971- author.
Title: La historia de una mariposa : todo comienza con una oruga / Shannon Zemlicka.
Other titles: Story of a butterfly. Spanish
Description: Minneapolis : ediciones Lerner, [2022] | Series: Paso a paso | Includes bibliographical references and index. | Audience: Ages 4–8 | Audience: Grades K–1 | Summary: "A mother butterfly lays eggs. The eggs hatch into a caterpillar. But what happens next? Find out in this step-by-step look at the butterfly life cycle. Now in Spanish!" —Provided by publisher.
Identifiers: LCCN 2021020510 (print) | LCCN 2021020511 (ebook) | ISBN 9781728441887 (library binding) | ISBN 9781728447858 (paperback) | ISBN 9781728443966 (ebook)
Subjects: LCSH: Butterflies—Life cycles—Juvenile literature.
Classification: LCC QL544.2 .Z4718 2022 (print) | LCC QL544.2 (ebook) | DDC 595.78/9156—dc23

LC record available at https://lccn.loc.gov/2021020510
LC ebook record available at https://lccn.loc.gov/2021020511

Fabricado en los Estados Unidos de América
1-49943-49786-6/15/2021

¡Mira, una mariposa!

¿Cómo crece
una mariposa?

Una madre pone huevos.

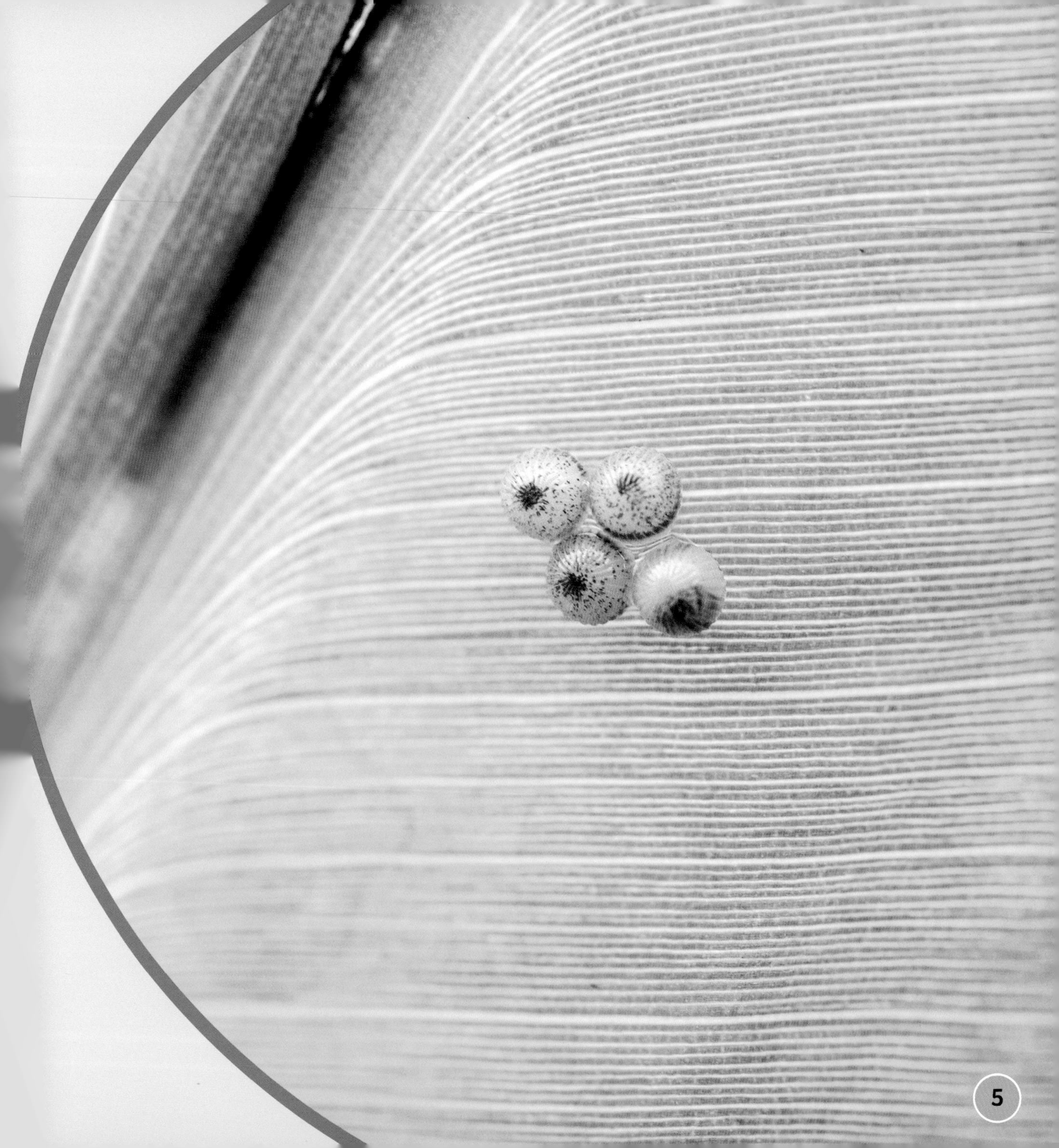

Se rompen los cascarones.

La oruga come.

La oruga crece.

La oruga muda
la piel.

Se forma un capullo.

El cuerpo cambia.

El capullo se abre.

Las alas se extienden.

La mariposa se va volando.

Glosario con imágenes

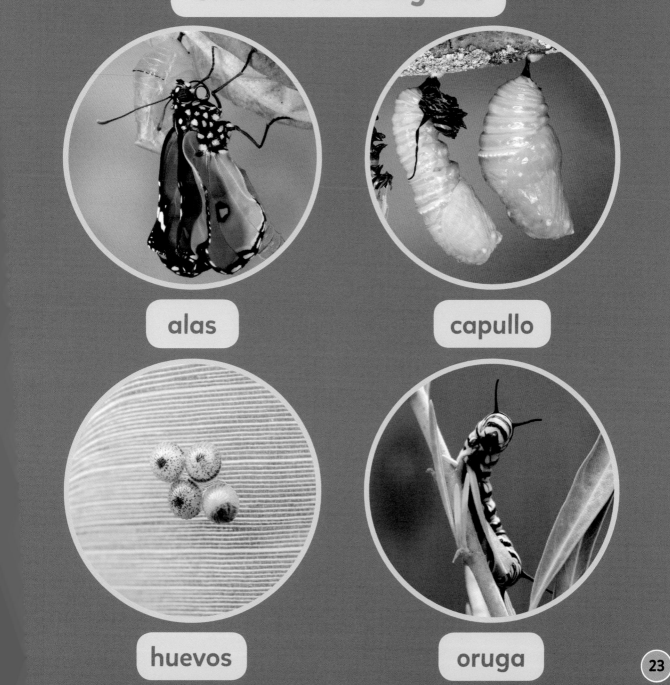

alas

capullo

huevos

oruga

Otros títulos

Kenney, Karen Latchana. *Life Cycle of a Butterfly*. Minneapolis: Pogo, 2019.

Tonkin, Rachel. *Egg to Butterfly*. New York: Crabtree, 2020.

Zemlicka, Shannon. *The Story of a Frog: It Starts with a Tadpole*. Minneapolis: Lerner Publications, 2021.

Índice